Dec. 1940

Ole buck lak me dat's call "has been"
Don't lak dat painty taste.

Accordin' to Batiste

A CHEERY BOOK OF FRENCH-YANKEE VERSE

by

SETH CLEMENT TOWLE

Preface by Arthur Wallace Peach
Illustrations by Edward Sanborn

NINETEEN HUNDRED AND FORTY

Printed in the United States of America
The Lane Press, Burlington, Vermont

Dedicated to
Canadian-born Isaië Trudell
The inspiration of these French-Yankee verses

FOREWORD

In writing and publishing this book of verse, it was not the author's intention to ridicule in any way the French-Canadian people or their version of the English language. Quite the contrary. My associations with these people have been most pleasant. I love their wit and humor, their spontaneous jokes and whole hearted laughter. The purpose, therefore, of this publication is to convey as accurately as possible their slant on life, their expressions, and many true experiences as related to me by them, and to pass on to the public some of the pleasure I have experienced in my social and business contact with these friendly, laugh-provoking, home-loving people —the French-Canadians.

THE AUTHOR

TABLE OF CONTENTS

A WORD ABOUT AND FOR BATISTE

The dream of a great French empire on our northern continent vanished when the French troops retreated from Lake Champlain before the British armies in 1759; but during the one hundred and fifty years before that fateful date, the French pioneer and soldier had written some of the glorious pages in the history of our northern country. Long before the forefathers of Vermonters came in any number to the region that was to become Vermont, the French had established forts and settlements on the shore of the Great Lake. Before and after 1759, Frenchmen had settled along the northern borders of the lake in what we know now as northern Vermont; and slowly for a century they have been coming into the state, bringing an ancient courage fostered in far off times by their courageous ancestors, teaching us to know the value of their friendliness, their zest for fun-making and song, their spirit of contentment, their willingness to toil where others lack ability and fortitude, their love of home and children characteristic of their race. At present, one seventh of our Vermont population represents people of French-Canadian birth or people born into families of French origin.

It is one of my regrets as a Vermonter that we have not made more use of the talents and gifts of our French-Canadian people who really are French-Americans—actually Americans. As I have indicated, they have a heritage to be proud of, and they have characteristics and qualities of mind and heart that Vermont most certainly needs. They are bound to become more and more an essential and valuable part of our commonwealth.

I doubt if the greater story that might be written about them will ever come into being; so I welcome this cheery, unpretentious little book in which a merchant in Enosburg Falls, a real Vermont community near the Canadian border, has given us a glimpse of his French-Canadian, or as I prefer to call them, French-Yankee or French-American, friends. It is evident that he has written of them with understanding and appreciation as one writes of those he knows well and has respected long.

Of course, I like Batiste. I have hunted across his lands and fished his streams—often with him. I have tried my hazy college French on him— and he has revealed the fine tradition of his courteous race when he gave small sign of the impact of my horrible intonations on his ears; and if in the bosom of his family, he retold to their joy the way I murdered French, I forgive him with all my heart: I deserved it. I have a sneaking suspicion I know what my French is. At least, I hope it is better than the French of a Yankee friend of mine who in a French restaurant in a certain Canadian city was reduced to crowing like a rooster to suggest that he wanted eggs for his breakfast—and it really happened. In any event, I like Batiste—his simple and sensible philosophy, devoid of the strain and clamor and endless hair splitting and quibbling of would-be wiser men; his eye for a joke, his ear for merry music; his liking for common things and everyday people.

The main thing in any language is to be understood; and I can assure you that Batiste "knows his way around"—and particularly in our English, one of the most difficult languages on earth to master, with its weird pronounciations and wild spellings. It seems to me that Mr. Towle has caught without straining for effect the way that Batiste talks and something of the way he thinks. I hope that Batiste and his little book will find many friends.

ARTHUR WALLACE PEACH

Northfield, Vermont.

Accordin' to Batiste

FASHUNS

Thar wuz a tam sum yere ago,
   Wen de fashuns wuz complete,
I mene de wimmin dresed demself
   Almos frum hed to fete.

How wel I yet remembur
   Whot de wimmin used to ware,
An' how quick she mak sum chang,
   'Bout de tam she bob hur hare.

Mi mudder wore a long black skurt,
   Dat brush along de flore;
It tuk beeg breze to show ma's kneze,
   An' Pa, he seldom se more.

De fashuns now hav chang dat skurt,
   She sawed hur off 'bout haf.
And I forgit 'bout Mary's lamb,
   Wen I se hur purty caf.

Whar 'tis now dose ole tam drawers
   Dat tucked in stoking tops?
Dere gone, yes, sur, an' in de plac',
   Are shorts an' ankul socs.

An' Rosie wore a colar once
   An' sleve upon hur arm;
Now she wore jes sholder strap,
   To sho more Rosie charm.

She also wore sum corset too,
   Dat squeze hur middul smal;
Dey gone into de rag bag now,
   Replac' bi none at all.

3

De bathin' sute dat sistur wore,
    Wud shur look funny now;
De cloth it tok to mak dat sute,
    Wud covur up mi cow.

But now dat ole black sute is gone;
    De reson's very plane:
Hur lovly forme shows more apele,
    Jes rapped in selophane.

Now al dose chang I ain't regret,
    'Caus it giv me chanc to see
How purty sum de wimmin ain't,
    An' how purty sum she be.

Thar's one de stile de wimmin got,
    Dat mak me al disgus,
De way dey dob dere cheke an' lip,
    Wid paint an' udder stuf.

Ole buck lak me dat's cal "has bin,"
    Don't lak dat painty taste,
Wen a purty gurl he's gon to kis,
    An' his arm she go to waste.

A guy tole me de udder dae,
    Sum ting I can't beleve;
He sae dare's fokes cal nudis,
    Don't evun ware no leves.

"Bi gosh," I sae, "yu mak beeg lie,"
    I tole him wid a smile,
"If de wimmin don't ware no clothes
    How dey gon to chang de stile?"

"Al rite," sez he, "Yu kno so much,"
  An' sum pictur he sho' me,
Ov a nudist camp, an' whot yu tink?
  Not a gosh darn rag I se.

Now if sech ting is cum to pas,
  I've nuthin' more to sae,
But me, I tink, I ware sum clothes,
  Til I'm safely laid away.

An' wen I reche dat Hevenly Gate,
  Whar al de angil dwel,
I'le tel Saint Peter 'bout dose pictur,
  If he sen me strate to hel!

NOTIS

Two purty nurse cum on mi store.
I mos fele sik whar I ain't before'.
An' wen dey laf an' smile dere face,
Mi hart mos jump rite out its plac'.
Dey lak for mak one grand displa
In mi frunt windo, so dey sae,
To advertize Helth baby weke;
An' it soun alrite de wae dey speke.
Dat displa look cute wen dey git thru,
But it mak me truble which I tel yu.
Las nite, lady cal bout haf pas tre
An' want me deliver haf pound tea.
I sae, "Mi stor I clos las nite at six,
An' mi slepe an' bizness I nevur mix."
She sed, "De poster in yure windo sae
Yu mak deliv'ry 24 hour a dae."

I repli, "Madam, yu hav bad dreme,
No poster lak dat yu nevur sene."
Den she git mad an' I did too,
An' we sae bad name fore we get thru.
Wen I git mi store I luk roun
For dat poster an' dis is whot I foun:
In de Nurses windo a card she sae,
24 hour delivry ev'ry dae.
So I mak dis notis for ev'ryone,
At six o'clock mi wurk she's done.
An' if yu want Delivry at haf pas tre,
Yu can cal dose nurs, but don't cal me!

JIM VS PETE

Long tam ago I wurk on farme, lak mos young fellur do,
Alphonse an' Vic, dat's his "bonne femme," dey wurk sam plac' too.

De motor car, I nev'r seen, dey ain't been born mus' be,
So if you ain't got horse to drove, yu haf to walk lak me.

Alphonse, he's got a horse, yu bet, an' tink he's purty smarte;
He sae he's 'bout de fasest horse dat nev'r pul a carte.

He's cal his horse bi name ov Jim an' I can't to save mi life
Tel which Alphonse is luv de worst, his horse or Vic his wife.

Wen Sundae cum mos ev'ry weke, Alphonse was hitch up Jim,
An' go vilage to church an' mass, prob'ly confes his sin.

He's nev'r ax fur me to rode caus Vic fil up de slay,
So I can't tel how fas Jim go only jes bi whot he sae.

One dae, de boss cum drivin' home wid bran nu horse he's bot,
An' I se de way he tro his fete dat he pace insted ov trot.

"Can he go fas?" Alphonse spoke up, "Dis pacer horse yu bi?"
"Naw, I jes bot him for do sum wurk," de boss is mak repli.

Wen he sae dat he's wink to me, he's kno whot Alphonse tel
How fas his Jim cud go an' he kno he's brag lak hel.

Dat nite Alphonse is sae to me, "Probly de boss ain't kno
Dat a pacer horse aint worser damn to travel fas on sno'."

Alphonse ain't kno de boss is nere an' hurd him sae al dat;
De boss he nev'r let on at al, jes kepe it in his hat.

8

Nex Sundae cum, Alphonse an' Vic to mass prepare to go;
Dey hitch up Jim on to de slay an' mak him look "tres beau."

"Batiste," de boss is sae to me, "yu wurk harde al dis weke,
I lak fur yu to go to church an' drove mi pacer Pete.

"Wen yu git doun on haf mile flat, de rode she's goode an' wide.
Mebbe Alphonse he lak fur race." He sae dat on de side.

I tank de boss so much beaucoup an' I'me ketch on quick to se;
He's want his Pete to trim up Jim, so he's lef it up to me.

Alphonse is tuk beeg chaw tobac; he's furst to get de starte;
He's smil his face an' Vic is too, an' evun Jim luk smarte.

I starte miself, an' mister man, I lak yu drove dat Pete;
He pace along so nice an' smoothe de groun ain't tuch his fete.

I let him hav his hed to go an' tain't bin long as dat,
Before I cum up behine Alphonse doun on dat haf mile flat.

Wen Pete is pul up side ov Jim I yel, "Cum on, scarecrow!
"I lak for se jes how fas yure Jim horse he cud go!"

Alphonse cud se de way Pete go he's sure to drove bi him;
He pul his whip an' sae "batam," an' put beeg mark on Jim.

Poor Jim is trot more fas he cud, so he begin to run;
But Pete he's kepe his fete an' pace, me I hav de fun.

"Cum on, Alphonse!" I yel to him. "Whot dat yu drove, a cow?
If he can't go more fas as dat, he's slow fur drag a plow."

I'me surpriz miself how quick it is wen I git to church shed;
Den Pete I covur up darne goode frum tale mos to his hed.

9

'Bout den Alphonse an' Vic arrive; poor Jim his hed hang low,
An' de way he mak his belly heave, yu tink de sout wind blow.

Alphonse, he nev'r luk at me, cud se he's mad al rite,
So I ain't sass him no more den, prob'ly he fele fur fite.

He mus hav spit tobacco juice wen we was hav de race,
An' de wind she blow it off de side in Vic lef eye an' face.

'Caus I luk back doun to de shed as in de church I go,
An' Vic has got hur mitten off to wash hur face wid sno'.

Dat nite wen we is milk de cow for tock we nev'r spoke;
Bamby de boss cum in de barn an' den de silence broke.

Sez he, "Batiste, how yu lak mi Pete?" an' nev'r smil his face.
He kno caus I tole him al before how Pete had won de race.

I sez, "Monseur, I ain't drov fas so I really wouldn't kno,
How fas he go wen groun is bare, but he ain't wurs dam on sno'."

Alphonse, he milk his cow lak hel an' chew fas his tobac,
But nev'r once he rose his hed or nev'r answer back.

We wurk dat plac' almos a yere, mus be 'twas hard for him,
'Caus nev'r frum dat dae to dis, he brag no more 'bout Jim.

BERGLAR MANS

Las nite I fine miself awoke,
  Sumtam roun haf pas too.
I tink sum nois mi slepe she broke,
  So I lissun sam as yu.

Bad dreme I sae, so shet mi eye,
  To git sum mor goode slepe;
Mor nois I here, it seme close by,
  An' mi skin she start to crepe.

I set miself strate up in bed,
  An' lissun hard, yu bet;
Dat nois I tink she's in de shed,
  An' it mak me fele al swet.

Sum dog I tel miself maebe,
  Is proulin roun' behine;
Whot for he is I don't jes se,
  So I cros hur off mi mine.

At firs I tink I dres mi close,
  An' go behine an' se,
Whot mak for al de fus lak dose,
  To mak bad nite fur me.

But wen I stop an' tink sum more,
  I sae dat nois mite be,
Sum berglar man behine de dore,
  Jes wate to shoot at me.

How mene a gun-man is I'me tole,
  In de papur ev'ry dae;
An' I tink I git shot full ov hole
  If I shud start his wae.

I got miself so darn xcite,
  Mi stumuck she fele sik;
Mi legs she nevr stan for fite,
  Mi hart so loud she tik.

Rite den I thot jes whot I done,
  An' mi curage al cum bak;
I tole miself I'le git mi gun,
  She's hangin in de rak.

So I dres miself in pant an sox,
  An' creap doun de frunt stare,
Whar mi gun she stood dat shoot de fox,
  Sumtam she shot a bare.

I fele lak Frenchmen otto fele,
    Wen dat gun is in mi han,
An' I jes soon shot a man dat stele,
    As ete—yu understan.

I kno darn wel bi whot I hurd,
    Wen I wus stil in bed,
Dat al de nois an' de ting dat sturd,
    Is cum frum out de shed.

So dat's de plac miself I tel,
    Whar I wil shoot mi gun,
An' if I don't blo him al to hel,
    He shure will start to run.

So I point mi gun rite on de spot,
    Whar de nois is cum before;
I shut mi eye, on mi nee I drop,
    An' shote rite thru de dore.

Now, mister man, yu nev'r here,
    Sech nois as dat gun mak;
She strike me defe in bose mi ere,
    De smok mak yor eye ake.

De eko brok de windo glas,
    An' de splinter frum de dore
Is broke a dish ov apple sass,
    An' de clok fel on de flore.

De stov pipe to cum tumblin doun,
    An' de plaster on de wal;
De chares an' tabels al turn roun,
    So tain't no room at al.

13

Mister, I hate to ope dat dore,
   An' luk out in de shed;
Dat nois dat cum she ain't no more,
   Sumbody mus be ded.

Bi gosh, I sae whot if it's tru,
   Dat I hav kiled sum one,
But dere's no xcuse for whot I do,
   No use to hide or run.

So I tel miself I bettur see,
   No nede to sit an' thinke;
If sum one's ded, it's bad for me,
   But wate,—I smel sum stinke.

I kno de taste of dat darn smel,
   An' tain't no berglar man;
It's a beeg blak skunk as ded as hel,
   On top mi garbage can.

MODUL T

Batiste, de man dat wurk fur me, ketch fevur fur a car.
  He sae, "If he jes had one, he cud travul nere an' far."
I tole Batiste he's darn beeg foole to tink ov ting lak dat,
  'Caus it tak mos al his wage to bi sum clothes an' hat.

But Batiste sae, "She ain't cost much," an' tel de plan he's here,
  How dey sel it wid a dollur doun de res in to—tre yere.
It ain't ben long fore sure enuf, a car stop bi mi tre,
  I don't jes kno de mak she is, but I tink she's Modul T.

I soon foun out wen de feller tock, he's jes an agunt man,
  But tain't nu car he's want to sel, it's darn goode secun han.
Now Batiste got one twised eye dat turn up toward his hat,
  An' wen he's se dat car, mister, she's twist up worser dat.

Dat agunt mans, he kno his stuf, an' he ax us bofe to ride,
  He's tole me I cud tak bak sete, an' Batiste bi his side.
An' al de tam dat feller tock, it's jes a stedy streme,
  He's got mi wife lick forty ways, but he can't tock so mene.

He's kno de histury ov dat car de modul an' de yere,
  He show Batiste hur hi an' low an' al hur mutual gere.
He sae she ain't use oil at al an' she comic on hur gas,
  Hur painte an' tire is xtra goode an' tel how long dey las.

Batiste, he's swallow al dat stuf an' he's fas to mak sum trade,
  An' shure enuf 'fore we git home de bargin she's al made.
I let Batiste hav 10 spot bil, 'caus he's wurk wel on mi farm,
  Dat's whi I tink he's cum dat nite an' lef hur on mi barn.

He's tole Batiste to let hur set an' nex day he wud cum
  An' sho him how to mak hur start an' how to mak hur run.
But Batiste he's smarte, he cudn't wate, he sae, "I gess I kno,
  How to run dat car in one dam hi or in a hel beeg lo."

15

It ain't ben long fore sure enuf, a car stop bi mi tre,
I don't jes kno de mak she is, but I tink she's Modul T.

So Batiste twis hur tale up goode, an shure enuf she start,
    An' I tel miself it's darn goode ting mi dore she's wide apart.
Batiste jump in an' giv hur gas, dat engin how she rore,
    An' out she go hed up an' tale an' nevur tuch de dore.

How he dun so wel I nevur kno 'caus I tole yu how he se,
    His rite eye now luk at mi hous an de udder at mi tre.
He's skip 'em both, but wen he turn I here sumting go crak,
    An' I se him twis hur on de whele, but he can't turn hur bak.

'Bout den she lef de rode fur goode an' heded fur mi barn,
    An' al de tam Batiste he twis, but she nevur giv a darn.
Batiste forgit he's drive a car 'caus I here him hollur whoa,
    But dat Modul T she nevur here as roun mi lawn she go.

She chase mi dog an' scart mi cat, mi hen flew out ov site,
    Wen Batiste twis hur to his lef, she shure turn to hur rite.
She skip mi hous bi 'bout a foot, jes whi I cudn't se,
    But nex I kno she go slam bang hed firs on top mi tre.

Now, mister man, dat car luk bad, wid a tre drov in hur front,
    But Batiste safe 'caus wen she hit he's quik to mak beeg jump.
"Whi ain't yu turn yure gas," sez I, "before yu spoile mi tre?"
    "It's tuk both hands to stere mi whele an' kepe hur strate," sez he.

Batiste is scart an' no mistak, no mor he care to drive,
    He's stil al swet an' al wurk up wen de agunt man arrive.
Batiste he tel him whot tuk plac, jes what de car she done,
    Dat agunt laf an' sae rite off, "she brok hur wishin' bone."

Wel, I don't kno de res he sed an' don't kno to dis dae,
    Jes how dey fix de whole ting up, but de car he towd awae.
Batiste he's nevur meshun car agin so long he wurk fur me,
    But if I want to here him cuss and sware I jes sae "Modul T."

DE HAM WHAT AIN'T

Dis tale I herd 'bout man call Pete,
  Who wurk in locle store;
His boss bin tole him smok sum meat
  Whot peple mos adore.

So Pete he tak too nice fat ham,
  An' fix him wid a string,
Jes long enuf he mak his plan
  So top the fire she swing.

De fire he mak ov nice dri cob,
  Which seem too bad to waste,
But Pete he say she duz best job,
  An' much improve the taste.

Pete mak his smok on back store step,
  Which mak good plac alrite,
An' on de ham his eye he kept,
  But took hur in at nite.

He smok his ham for two, three day,
  Dat ham an' cob smell sweet,
An' wen he got hur broun, Pete sae,
  "She's jes rite now to ete."

De boss he say, "Go git dose meat,
  If de job yu tink is done,
An' we will slice hur up to ete."
  Maebe he specs sum fun.

When Pete cum bak his face look quere,
  Most lak he's goin to faint;
In won his hand he got sum ham,
  De odder hand he ain't.

"Who stole dat ham?" Pete loudly yel.
  He's mad it's plain to see,
But dey ain't no one roun' can tel,
  Dey all jes sae, "tain't me."

De Sheruf he hang roun' dat place,
  Wen he ain't on his job.
An' a leetle smile cum cross his face,
  Wen he smel dat ham an' cob.

He tel himself I gess I'le look,
  At dose ham so nice an fat,
Wen Pete ain't see, de bes he took;
  Now whot yu tink ov dat?

Now he ain't really stele dat ham,
  But he cud see sum fun,
An' git beeg kik when Pete he dam
  An' cuss mos ev'ryone.

At dat he kep dose ham al nite,
  But not a bit he ete;
Nex dae de ham hung in plane site
  An' how he laf at Pete.

Now Pete was glad to se dat ham,
  An' he tanked de Holy Saint,
'Caus he rudder hav a ham whot am,
  Dan hav a ham whot ain't.

FRENCH WEDDIN'

De beeg hevent on Pe Soup Lak,
 For many, many moon,
Wus de weddin of Rosie an' Pete.
 It tok plase late in June.

Rosie, a girl of Batiste Trudeau,
 Don hurt de eye to se,
So roun an' plump wid cole blak eye,
 She one darn nice "Bellefee."

An' Pete, mister, jes don't forget,
 He's one fine "beau garcon";
He's mos sixe feets an' strong lak ox,
 De sun of Joe La-Mon.

De auto-beel she ain't been born,
 Wen Pete am Rosie's beau,
But Pete's got horse an buggie,
 Dat can't be bete fur show.

De weddin's plan fur Rosie's hous,
 In ev'nin', haf pas aite.
Dat giv dem tam to milk de cow,
 An' no one need be laite.

An' did dey cum? De hous is full,
 Long fore de our is set,
But Batiste mak dem happie,
 Wid his home bru, yu bet.

Octave Boisseau, de justis peace,
 Is chose to tie de not,
On count de Prieste is token sick,
 Wid sum disease he's cot.

Octave is proud, yu bet yure life,
    As he marche up to his plac;
He's al dres up mos fit for kil,
    An' de swet run off his face.

Rosie cum doun al dres in white,
    It luk lak bran nu goun,
Wid brite red sashe aroun hur waste,
    Wid ends jes hangin' doun.

She sur luk swete an' dere's no dout,
    She's proud to sho hur charme;
So ev'ry eye is luk at hur,
    Wid fauder on hur arm.

Now here cum Pete—an', mister man,
    Maebe he ain't look fine,
Wid nu black sute, neckti an' shu,
    Frum hed to fete he shine.

Dey tak dere plac in frunt Octave,
    An' lookin' roun' sez he,
"Now, frends, yu kno' sum reson whi
    Dis weddin shuddent be?"

No won objec 'caus tain't no use,
    In dis fre an' happi lan,
So Octave sae, to Rosie an' Pete,
    "Join up wid both yore han."

"Rosie, yu tak dis man to wed,
    An' promis to be tru?"
Rosie she blush but mak repli,
    "Yes, sur, messier, I do."

"Pete, du yu tak Rosie to be
  Yore lawful wedded wife?"
Pete luk him in de eye an' sae,
  "Yes sur, yu bet yer life."

So den on Rosie's fingur,
  Pete plac de ring he's bot,
An' Octave sae, "Yu man and wife,"
  An' cors dey is—whi not?

It's propur now to kis de bride,
  An it's no chanc to lose,
Wen de las wun kis pore Rosie,
  She's los mos al hur rouge.

Now don't forgit de present;
  Sae, yu otta see de spred;
Dere's evryting dat yu cud tink,
  Frum spoon to fedder bed.

Pete's brudder Will, he fetch one to,
  De bes one in de lot;
It's dun up nice and purty,
  An' whot frenchmun cal smal "pot".

Rosie, she blush, but Pete ain't care,
  He jes laffs an' sae,
"Yu bettur kepe it, Rosie,
  De stork mae cum sum dae."

Hurra, "Let's danc!" sumbody yel.
  He's had too much home bru;
So Batiste bring his fiddle,
  Wid one string brok in to.

22

Now Ezra sae dat he can't pla
   On fiddle brok lak dat,
But Batiste sae she's good enuf,
   No tam for ketch a cat.

An' so dey danc de nu fox trot,
   Dey waltz an' plane quadrill,
Wen Ezra yel ,"Let's shaker doun!"
   Dey swing mos fit to kil.

But Rosie an' Pete 'tis plane to se,
   Dey lak de croud to shun;
Dey see a chanc to slip awae,
   An' dat's jes whot dey dun.

Pete's hoss an' buggie's redy,
   An' dey lef de plac in stile,
An' fore dose dancur kno' it,
   Dey gone almos a mile.

Dey fele for laf to be so smarte,
   An' git awae so nice,
'Caus dose Frenchmun kno a lot of trik,
   An' how to thro de rice.

So let's leve Pete and Rosie,
   Dey is happi as can be;
An if de hoss she stop an' ete,
   It's jes de moon dat se.

Dey ain't much more dat I can tel,
   'Bout dis beeg hevent;
De fiddle's brok anudder string,
   An' de udder two is bent.

Before dey leve dey croude aroun,
  An' Batiste han' dey shake,
An' it's good luck to Pete and Rosie,
  An' Bon Soir to Pe Soup Lak.

BALANC DU

Sumtam I tink dat peple tak mi stor
to be sum bank, an' dat I nev'r nede
monie, or dat I'me nev'r cramp. But
dat ain't so I tel yu now, Mi bil I haf
to pae, an' I can't alwus mak xcuse,
I'le pae sum udder dae. Now tak yure-
self, yu cors wus short, wen me yu ax
for trust. Now, mister man, it's me
dat's short; yes, sur, I'me almos bust.
Nex weke I got to pae beeg bil an'
pae it wid out fail, 'caus if I don't,
prob'ly I lan hed furst up in jale.
Mebbe yu tink dat darne goode joke
to se me in tite spot, but if yu don't
pae an' want trust agin, I'le sae I ain't
forgot dat wen I ax sum mon frum yu
an' yu tole me go to hel, I'le sae dat's
darne goode plac for yu to tost yure
shins a spel. So mans to man, I ax yu
now, please help me sav mi neck, an'
wrote to me dose 3 sweete wurd,
dere sur, "Inclose fine check."

FISHIN' PROGRES

I got mi store on mane stem strete,
    An' in fishin tackul de bes I kepe.
If yu cum in an' se, yu soon fine out,
    I got al de ting fur ketch de trout.

Goode Houskeepin stamp on al mi stuf,
    Wen I tole yu dat, I've sed enuf.
I got fish pole eighty cent an' up,
    De bes I got cos yu five buck.

Dey al made out de bes ov stele,
    An' al got plentie ov de sexur pele.
Den I got sum pole dat's cal bamboo,
    She mos mile long and 2 inch thru.

It's made fur man to set on his laun,
    An' cast his hook on mos any Pond;
Or frum his car wid line an hook,
    He cud fish al tam in any brook.

De wurm tel fish jes whar yu are,
    So fish can ketch up wid yure car.
On end ov pole is leetle rest room too,
    So fish ain't ded wen she get to you.

Mi line is silk an' hav beeg test,
    Sum sel darn chepe, but dey al de best.
No fish dat swim can brok mi line,
    She's stout as rope but smal lak twine.

Bate box fur worm dat's slim or stout,
    Wid heater attach to thaw dem out.
Sum made wid ice box, yu nev'r sene,
    Dey mak a wurm taste jes lak ice creme.

26

Fish basket wid magnify glas dore,
　　Makes a 6 inch trout wen she ain't but 4.
Dat save yu fine, probly law-suite,
　　An' kepe smal fish frum out yure boot.

Sum hook I got wen de worm luk at,
　　She craul rite on as quik as dat.
Mi fly hook, sir, whot foole de trout,
　　He's jump 3 fetes wid his open mouth.

I mos forgot mi line ov reel,
　　Dey run in oil an' nev'r squele.
Sum got push spring an' while yu look,
　　Yure line is pushed rite up de brook.

Wen trout she strike—stay on de lan,
　　'Caus zipp, dat trout she's in yure han.
De sinker I sel is cal B-Bsz,
　　Dey sink or float wid de gratest eaze.

Words don't xplane an' no use to lie,
　　Cum in an' luk, I'me sure yu bi.
An' if yu don't hav luck wid mi lay out,
　　Yu ain't wurse a dam fur ketch de trout.

CHURCH GOIN'

I spec de beeg queschun in al Church to-dae,
Is—whi sum peple go—whi more sta awae.
De reson for goin'—de xcuses I've sot,
Here is de answurs, beleve um or not.
Sum peple go jes caus udder folks do,
An' wish dey wuz home fore de sermon's haf thru.
Sum peple go jes to here de choir sing,
Sum sta to home fur de veri sam ting.
Sum go to church reglar, sum go in a spurte,
Sum sta to home 'caus der feelings git hurte.
Sum peple don't lak a long winded pray'r,
Sum go to slepe al de tam dey are dare.
Sum go an' sit way up in de frunt pue,
Jes to sho' peple dat's whot dey shud do.
Probly dat is de feller dat nevur cud sin,

28

But in a hoss trade—jes luk out fur him.
Sum peple set strate wid a sanctimonious grin,
Sum twitch al roun lak dey set on a pin.
Sum peple go, a goode impresshun to mak,
Udders sta home, dey got auful hedake.
Sum peple go to se al de new hat,
Yu cud gues who dey be, no man go for dat.
Sum peple don't go an' use for an' xcuse,
De minister's surmon dey ain't got no use.
He may preche too long or may git on dere nerve;
Dat's darn goode excus wen no udder wil serve.
Sum peple go caus dey jes got de habit,
Sum ruther go fishin or shoote sum pore rabit.
Sum go to church 'caus dey tink it's dere duty,
Sum sta away caus church folks is snooty.
Sum peple fele tired an' to lazie to go,
Sum lisson to surmon dat cum on radio.
Sum tink dat religon is gone out of stile,
An' goin' to church ain't really wurth while.
But dey is sum peple go for de goode in dere hart,
God Bless dem, dey git fewer an' set furder apart.
So wid al our xcuses whot cud any church do,
Or de minister preachin' to jes empty pue
We may foole ourself an' de minister too,
But de goode Lorde above, I tink he sees thru.
So at las wen we knock at de beeg perly gate,
St. Peter will han' us jes 'bout whot we rate.

YURE PLATFORME

Me—I nevur hole no offis in de toun or state,
'Caus no one evur ax me to be sum candydate.
But I've tuk notis how mos al de udder fellers dun,
W'en dey tink dey had de cal to be a favorit sun.
So, if in de ring yu're al decide to tro yure derby hat,
Jes follo dese derexshuns befor yu go to bat.

Yure Platform is de firs ting dat surely mus be dun,
'Caus widout dat it tain't no use to evun starte to run.
Fur toun offis or senitor, rite up to presidente,
De Platform is de ting, so mak hur eazy bent,
To fit mos any nobul thot or any nasty skeme,
Dat mae hatch up in yure campain or de parties beeg machene.

If yu tink yure a demercrat or fal fur dat Nu Dele,
Be sure to mak dat one de plank, but tain't no use to squele
If sum one on de udder side sae dat yure jes beeg bluf,
An' dat we already had 8 yere of whot he cal foole stuf.
Don't mine dat, jes strike yure fis, jump on de plank dat sae
Yu've alwas bin de pore man fren, menshun W. P. A.

If yu're makin' G. O. P. Platform, don't forgit to ax
How de peple lak to pae 'mos fortie kine ov tax.
Be sure to hav a plank dat yu can mak beeg holler,
How evry dae we run in det almos 10 millun doller.
An' don't forgit to cuss an' yel 'bout de 3rd term croud,
'Caus dat wil mak darne goode plank, be sure to tock hur loud.

Dere is a lot mor plank on which yu can't go rong,
No mattur whot de offis is or de partie yu belong.
Lak de one, "Now, Mister Farmur, I'le mak yure taxis smal
An' mak yure milk an' pork sel hi''; for dat, dey shur to fal.
Anudder is de wurkin' man, tel him yu'll nevur fale
To kepe him close aroun' yure hart an' fil his dinnur pale.

30

Use a plank fur ole depresshun an' anudder fur inflashun,
An' sae yure jes lak Lincoln an' yu got to save de Nashun.
Don't forgit 'bout de tarif, trade agrements an' de graff,
Mak fun ov ole man Garner, or Vandrborg or Taff.
Be shure to hav beeg platform 'caus it ain't to be expected,
Dat yule remember any planks if yu reely git elected.

Tel bizness, if elected, dat yule tak up de fite,
To kepe de mills an' factores runnin' dae an' nite.
Tel de churches dat yu alwaes wil be lookin' up abov,
Fur gydance an' direxshun an' yure hart is filed wid lov.
Tel de wimmin an' de pasifist how yu jes hate a fite,
But yu want a grate beeg navie to bak up whot is rite.

De las plank in yure platform, lode up wid mud an' muck,
'Caus dat's de one yu can alwaes use anytime yure stuck,
'Bout whot to sae dat mite win fur yu a neded vote,
Or if yu lef yure speche to home wen yu chang yure cote.
Sumtam is bes to sav de mud until de very last,
Unles yu jes soon evryone wud kno' yure darker past.

Wen yure Platform is al made den yu hav yure pictur took,
A hangin' on de farmur's plow or bi a bablin brook.
Den yu bettur hav anudder one dressed up in yure bes sute,
Wid yure family al aroun yu, be sure dey al luk cute.
Don't forgit to smil yure face an' luk jes smart yu can,
'Caus dose pictur mak yu farmur's fren or idele family man.

Now yure al set to strut yure stuf wen yu git de cal,
To mak a frendly "fire side chat" or in convenshun hal.
Be smoothe an' suttel if its bes or rose up in yure mite,
An' rave an yel, if yu tink dat's whot de croud she like.
Hav glad han shak an' baby kis, an' smil jes lak a saint,
Den yu're shure to be elected—if de udder fellur ain't.

DERE HUNTER

Las fal I tink I hunt sum dere,
   In de wood aroun NuFane,
'Caus dat's de plac frum whot I here,
   I'me sur to se beeg game.

I foun goode plac in smal hotel,
   To parke mi boot an' gun,
Den I lissun to dose native tel,
   Mi chanc to hav sum fun.

Dey sed dose dere wus thik lak flees,
   An' cum mos evry nite,
To ete dere corn an' beens an' pees,
   An' mos ev'ryting in site.

Wen I here dat it seme to me,
   Wid so many dere aroun,
De safest wae is clime a tre,
   Or dey tred me in de groun.

Dat nite de hotel rooms wus ful,
   Wid hunter jes lak me,
An' ev'ryone is "tro de bull,"
   But dey frendly as can be.

It seme de furs nite ain't for slepe,
   An' de party she git ruff;
If yu sta out an' sober kepe,
   Dey cal yu ole "creme puff."

Nex morning' long 'bout haf pas five,
   Dey rap loud on mi dore,
An' sae, "Git up an ack alive,"
   So I ain't slepe no more.

I took miself off in de wood,
    Befor de sun she's up,
An' travul quiet as I cud,
    In hope to se sum buck.

It ain't bin long befor a gun
    On mi rite begin to crak;
On mi lef I herd anudder one,
    Sum mor behine mi bak.

Bi gosh! I sae dis huntin' dere
    Is purty nervus stunt;
I'me jest about as safe up here,
    As on de "Westurn Frunt."

I tole miself no use to hide,
    Behine sum grate beeg tre,
'Caus I'me sure to be on de rong side,
    If a bulit cum fur me.

So I set miself out on a stump,
    Whar I cud luk al roun,
An' set so long humped on mi rump,
    I'me froze whar I set doun.

Whot happen nex don't seem jes rite;
    I drop to slepe mus be,
'Caus furs I kno' dere in plane site,
    Beeg buck is luk at me.

Prob'ly yu tink I mak quik shot,
    But I cudn't rais mi gun,
No, sur—I jes set thar an' gop,
    Til dat buck wus start an' run.

33

Yu jes bet I'me shame an' mad,
   At de sillie ting I dun;
Mae be "buck fevur" is whot I had,
   But I nev'r tole no one.

Dat nite de hunter cum tralin' back,
   As tired as cud be,
An' mos ov dem had jes sene trak.
   I sed, "De same wid me."

Too ov de boys caled Jones an' "Tunk,"
   Dey clame a bare dey chase,
But al dey shot is jes a skunk,
   An' de truth ain't on dere face.

It seme dose fellur went to slepe,
   Jes 'bout de sam I do,
An' a bare almos step on dere fete,
   As he pas betwene de too.

Wen dey woke up an se dose trak,
   Dey chase 'em quite a spel,
But wen dat bare he growl an' bushes crak,
   Dey turn an' run lak hel.

Dey run so far off in de wood,
   Dey got demself turn roun,
Wen dey foun out jes whar dey stood,
   'Twas in anudder toun.

Dey hire sum car to bring 'em bak,
   "We wus al tire out," day sed.
But I tink dat nite if bush had crak,
   Dey bofe jump out ov bed.

Wel, I hunt dose wood for 4 dae more,
  Not anudder buck I se;
I los mi chanc an' I felt sore,
  But no one's to blame but me.

So I cum home mos al disgus,
  Wid de huntin' in NuFane,
But now I kno' if tings don't bus,
  I'le go rite bak agane.

'Bout den dis Frenchmun mak sum track;
I dunno whot she do caus I ain't luk back.

NU YERE

I'me axed to tel whot dey do for fun,
On de Nu Yere dae whar I cum frum.
I'me Canadienne, if yu don't kno',
An' I mov doun here few yere ago.
Whar I cum frum here ain't so far at dat,
It's jes cros de line frum dose Democrat.
Nu Yeres for Frenchmun is one beeg dae,
An' it mene jes dis; a tam for pla.
For de ole an' young it's jes de same,
Dey al forgit dere ake an' pane.
Do dey sing an' dance? Yu bet dey do,
Dey plan goode tam an' hav it too.
An' kis al de gurl, ain't dat soun goode?
Gosh, I wish rite now I'me whar I cud.
Dose French gurl lak it? Yes, sur, yu bet,
An' she jes lov to sing, "Oh Alouette."
Sumtam de men drink too much bere,
But yu kno' dey do de same out here.
If he drink so much he can't dance "de Clog,"
Dey cal him "cochon," dat mene plane hog.
An' now I tole yu how to grete
De female al out on de strete.
Yu shook hur han' an' if yu don't mis,
Rite on hur lip yu place beeg kis.
If she purty gurl dat's yure goode luk;
Maebe she ole maid al wrinkle up.
It mak no odd it's de ting to do,
An' don yu forgit caus dey spec yu to.
De custom ain't jes same out here;
I fine dat out mi firs Nu Yere.
I dres miself up wid de bes I got,
An' den I start out to tak sum walk.
I ain't gone far up doun de strete,

37

When one swel dame I'me gonto mete.
I tel miself dis is mi beeg dae,
So I starte rite in to mak de hay.
I grab hur han' an' giv hur goode smack;
Dat soun so loud dat she echo back.
But I mak mistak I soon foun out,
'Caus she bust me one rite on de snout.
"What yu tink yu do, yu dirty bum?"
Dat's whot she sae an' tain't for fun.
Cours I starte rite in to mak xcuse,
But I se rite off it ain't no use.
'Caus she slap mi face an' kick mi shin,
An' she sae "shut up" 'fore I cud begin.
'Bout den dis Frenchmun mak sum track;
I dunno whot she do caus I ain't luk back.
Dat's de las kis I mak on Nu Yere dae,
'Caus I ketchon quick tain't de Yankee wae.

SOSIETY

Wen I wuz yung, Sosiety ain't jes de sam as now;
Hur name dey use jes de same, but de dres is chang—an' how.
Us yung buck nev'r go parties if we had drunk sum bere,
'Caus al de gurl dey turn us doun; to-dae dat mae soun quere.
No sur, no fellur starte fur dance wid gurl, if he wuz "lit."
De "belle fille" back in dose dae no stan fur dat one bit.
But now I here de boy an' gurl ain't had no fun at al,
Unles dey both git "lickered up" wen dey starte fur fancie bal.
Prob'ly tain't so mos haf de ting dat I here an' rede,
But 'cordin to de storie dose yungster got "hi spede."

An' de mudders an' de fodders dat wuz once so nice an prim,
Now smoke de cig an' drink coktale til dey "3 shete in de win'."
I member once a club of femmes dat cal demself "smart set,"
An' al de wimmen dey discus, mos ev'rytam dey met.
Mi wife dey sed had ev'ryting; she wuz jes de proper tipe;
But she's "taboo," 'caus sum one hurd, hur granma smoked a pipe.
To-dae at smart set parties if yu refuse a smoke,
Dose sam strate nose is turn up hi, an' dey cal yu "ole slo poke."
If yu pass up strong coktale, dey shurly starte sum fuss,
An' cal yu sum "wet blanket" or prob'ly "sour puss."

So tain't much wunder yung fokes is steppin' kinda hi;
Dey jes reflec us ole foole, can't blame dem if dey tri.
It mak me laf at to-dae's granma, wen she begin to smoke,
She tri to be so graceful, den al to once she choke.
An' how she couf an' sneze hur nose, an' corse hur face git red;
But she tri to luk contented lak a hen dat's laid an' eg.
I met a womans de udder dae dat hav sum auful couf.
I sed, "Mi dere, yu got bad cole, go se doctur rite off."
"O no," she sae. "Inhalin' smok, dat's whot it do to me,"
Den giv me sofiskated luk, hur pride wuz plane to se.

'Tis tru, tain't wurs fur wimmen to drink an' smok lak me,
But I tel miself I lak to tink dere more refine I be.
An' I'me yet to se one drinkin' or puffin' on a cig,
Wen it made hur mor apeling to de male sex smal or big.
I spec dat I'me ole fashuned an' brot up de rong wae,
An' mi vewpoint she ain't streme line lak everyting to-dae.
So if mi boy an' gurl git modurn, no use to cal it sin,
'Caus I'me jes stickin out mi neck to ketch it on de chin.
But if custom goes in sickuls lak sum smarte feller sae,
Mi gran chile wil rais dere offspring in de ole fashuned wae.

CHANGE DE VIVE

Wen I was yung I'me ful ov pep,
An' I jes soon run mos evry step.
Den wurk fur me is jes lak pla,
If I'me up al nite, I'me good nex dae.
Den al de gal I lak to spark,
An' I don't care if de room she's dark.
If I se hur home, sumtam I mis,
But mos ev'rytam I stele a kis.
I lak fur run an' swim an' skate
An' ete beeg fede put on mi plate.
I'me ful ov hel, mi fawder sed,
An' don't hav brane on top mi hed.
But I don't care, I fele fur pla,
An' tink I alwus fele dat wae.

But now I'me ole I ain't so smarte;
It tak mor tam fur git mi starte.
No more I do dose crazie stunt,
Wen I set down, sumtam I grunt.
If I do dose ting I use to do,
I gess mi bak she broke in to.
Mi wife sumtam she mak me fele,
Jes so I los mi sex apele.
I git sum notion in mi hed,
I tink I do, but I don't insted.
I chang mi gere frum hi to lo,
I spec dat ole age mak dat so.
Now al I do is wag mi tonge,
'Bout de ting I do wen I wus younge.
I'me jes a "has bin" now I spec.
I tink I'le ax fur de ole age check.

41

DE BEEG BOBCAT

De Sheruf took his gun one dae an' went off too de woode,
To shoote hemself sum rabit or mos anyting he cud.
He's travul roun an' roun long tam, wen bamby, jumpin gee,
Thar in de sno is grate beeg trak lak sum he nev'r se.

He tole hisself no dere or fox can mak a trak lak dat,
An' tain't no dog or coon or bare, so mus be beeg bobcat.
He's run bak hom so fas he cud an' tole us whot he sene,
But we jes laf an' tel ourself, "He's cookoo on his bene."

He sae dat cat she's 6 fetes long an' wae 2 hunderd poun,
An' mister man, she mak sum trak dat mus be 2 fetes roun.
Dey wuz sum boy roun de vilage dat ain't bin very brite,
Whot lissun to de Sheruf tock an' got dem self xcite.

An' shure enuff nex day dey starte off to de woode to hunt
De beeg bobcat dat mak beeg trak, de Sheruf lede in frunt.
Dey took dose trak jes lak sum houn, an' walk mus be 5 mile.
No one is mak no whispur, no one his face he smile.

Dey boun to git dat bobcat, no mattur whot de cos;
Evryone is kepe togedder, so no one she aint git los.
Bamby dat track she leve dose woode an' don't go bak no more,
But strate she go acros de field to Monseur Blouin's frunt door.

An' jes inside dat beeg bobcat she's curled up in a chair;
De Sheruf face she al git red, he's wish he ain't bin there.
Whot dose boy is cal de Sheruf was purty bad I tink;
I'me shure she aint luk purty to rite wid pen an ink.

Dat bobcat yarn she spred lak fire, fur mile an' mile aroun,
An' de Sheruf he ketch hel, pore mans, mos ev'rywhar in toun.
An' evun now de kids "me-ow" wen dey run behine his back,
Or ax to se de beeg bobcat dat mak dose grate beeg trak.

MI PORE DOG

De Sheruf cum mi hous one dae,
Suntam Juli wen I mak hae.

I hate to stop an' chew sum rag,
But sae, "Bo-jour," purten I'me glad.

He sae, "Sum dog yu kepe I here
Dat ain't pae tax fur mos to yere.

"Wen sech de case de law she red,
To shoote dat dog an' kil him ded."

I sae, "Hole on now, mister man,
I'le pae dat tax jes quik I can.

"Rite now I ain't got one red sent,
Mi las milk check so fas she went.

"Dat dog she bes I ev'r foun,
She kil de wood chuck al a roun.

"She bring mi cow doun to mi farme,
An' she's nev'r kno to do sum harme.

"No, sur, mi dog I ain't let die,
'Caus I kno mi chillun how dey crie!"

So I tole dat Sheruf, "Don't yu shoote;
Tonite I pae an' sum to boote."

But he jes stood an' smil his face;
He sae, "Yure wurds ain't chang de case.

"Mi ordres rede de cash or die,
An' whot yu sae maebe jes a lie."

Dat mak me mad wen he sae dat,
But I tri to hole mi tempur bak.

I kno tain't bes to start beeg fuss,
So I tink I argu wid de cuss.

"I s'pose nex fall dis whot yu do,
If mi pole tax I ain't cum thru:

"Yu cum up here wid yure beeg gun,
An' shoote miself an' cal it fun!"

Mi dog mus herde mi loude remark,
'Caus he run up an' mak beeg bark.

Dat Sheruf not a wurd he sed,
But nex I kno mi dog she's ded.

I fele sum chil go up mi bak,
Wen dat gun I here hur crak.

I flew so mad I jes se red,
I sae, "Fur dat I'le smash yu hed!"

I don't giv dam fur gun or law,
An' aim mi fist to brake his jaw.

I cal him name to me mene fite,
An' shut mi fist up goode an' tite.

I sae, "Cummon, yu beeg flat face,
Or git to hel rite off mi place!"

45

"Now mak yure choise an' mak him quik."
Wen I sae dat, I giv him kick.

Dat kick mus hurt him whar he set,
'Caus toward his car he mak quik step.

I follow close an' tole him plain,
If he ev'r cum mi plac again,

I'de drive mi fis into his snout,
So far dey haf to cut it out.

He kno I sed jes whot I mene,
'Caus him agin I 've nev'r sene.

An' evun now if I here his name,
It mak me fele fur fite agane.

"Dat's darn goode news," is whot I sed,
Wen sum one sae dat fellur's ded.

Yes, sur, I'me tole de udder dae,
Dat Sheruf man is pass awae.

Whot mak him di I nev'r no,
An' I don't care, I hate him so.

Now whar he's gone I jes can't tel
Maebe it's heven, I tink it's hel.

'Caus dat's de plac dey hav goode job,
For dat lousy cus whot shoote mi dog!

46

CITY CUSIN

De city foks dey mak beeg fun,
Wen a farmur wawk his strete.
An' gurls dey giggul caus he's grene,
An' de wae he dres his fete.

But de laf is on de udder foot,
Wen dey cum to de farme,
An' de visit ov mi wife cusin
Is mak one darn goode yarne.

I dred to hav hur cum yu bet,
I tink she ack so smarte,
But wen I foun she ain't stuk up,
I lak hur frum de starte.

She nev'r bin on farme befor,
'Caus de city's whar she's born;
She's nev'r sene de simpul tings,
Lak cattel, whete, an' corn.

It mak me laf 'caus she don't kno
A bull ain't jes a cow;
An' I can't tel hur de mistak,
But I tink she kno bi now.

She didn't kno dat sun made hae
Out of de gras dat's grene,
An' wen I milk de cow she ax
Which handul giv de creme.

Al de tool dat's on mi farme,
She cal jes funny rigs,
An' she's surpriz 'caus mi ole sow,
Cud hav so many pigs.

She sae it's quere dat dirty pig,
Cud smok sech nice clene ham,
An' want me point out jes de plac
Whar hur rol ov sawsige am.

She sed a pig shud hav to heds,
Her reason had me stop,
'Caus she xplane yu jes don't kno
How much I lov pork chop.

Nex she inquir if bacun gro
In littul pigs or hog;
Den she want me kil mi puppy,
An' mak hur sum hot dog.

She thot mi silo jes a barn,
To mak de cat run roun,
An' she suppos dat hen jes lae,
Dere eg on top de groun.

Den wen de sun is goode an' hot,
It hach em out de chik,
An' if de shel don't brak itself,
Yu hit it wid a brik.

One dae she ax to se de tre
Whar mi potato gro,
An' I haf to dig sum out de groun,
Befor she tink it so.

"If dat's de case dig me sum squash,"
Dat's whot she sed to me,
An' wen I sae dey gro on vine,
"Yu tel me lie," sez she.

48

She want me git sum mapul leves,
So she cud squeze sum sap,
An' dig sum sugur out de bark,
So she cud taste ov dat.

She ax how many time a yere,
Mi shepe is shed hur wool,
An' which one tis I cal Marie,
Dat tuk hur lam to skool.

One dae she went out to de wood,
Sum veal she spec to se,
An' ax if he set on de groun,
Or liv up in a tre.

I had to laf hur in de face,
Wen she ax me if I nu
Jes whot I had to fede a cow,
To mak hur giv befe stew.

An dat's de wae hur queschun run
But dis one tok de cake:
She ax wat gum mi cow she chew,
An' if she had toothake.

One dae she saw a beeg wud chuck,
Cum crawlin' out his hole,
An' she lak to kno if dat's a toad,
Or jes a meddo mole.

She sae she's herde of skunke perfume,
An' not a smil she crak,
An' ax me get a bottul ful,
So she cud tak sum bak.

Dat gurle is smarte 'bout ev'ryting,
Xcept whot's on a farme,
An' now she kno a few ting more,
Tain't do hur any harme.

So I ain't care if de city fokes
Laf at me wen I gop;
Dey don't sho up so wel dem self,
Wen it cum to farmur tawk.

TANKSGIVIN'
(1939)

De Presidente, he's one beeg man,
He's lot more smarte I be;
Dat's why prob'ly sumting he do,
Look kinda quere too me.

Las weke, I rede he lak fur chang
Tanksgivin' dae dis yere,
An' mak her cum 1 weke ahead,
So Chrismus ain't so nere.

He tink he help de biznes mens,
Dat's whot his mesage sae;
I tink miself he's go for fish,
An' want mor tam for sta.

Bi whot I rede, sum udder fokes
Is tink de sam I do;
Mebbe it tak sum "fire side chat"
To put dis nu scheme thru.

'Cours on mi farme it's simpul ting,
To chang mi plan one weke,
But I've chang it now so many tam,
Mi hed ain't kno mi fete.

Dose Nu Dele scheme cal farme relefe,
I've tri mos ev'ry one,
An' now I'me more worser off,
Den wen I furst begun.

So I tole mi ole "bonne femme,"
No use to git xcite,
We'l ete turkey an' pumpkin pie,
Wen de calendur sae it's rite.

Den tank de Lord fur al goode ting,
An' if yu tink he here,
Mebbe I whispur jes leetle word,
How to cas His vote nex yere.

De turkey too ain't lak dat chang,
An' if dey have de sae,
Won't vote fur any presidente,
Dat chang Tanksgivin' dae.

PARKEWAE

Uv al de ting I here an' rede, de worste too git mi goat,
Is de queschun uv dat Parkewae, on which we gonto voat.

I ain't kno muche, an' git cros up, on wot I want to sae,
So I lak yu kno before I start, I ain't favur dat Parkewae.

Jes haf a millun is de mounte dey sae dey lak to spende,
But I am tole dat's jes for starte, so whot aboute de ende?

I tink miself she's gonto coste bout 3 tam whot dey ax,
An' if she do, or if she don't, it jes mene sum mor tax.

If dose Parkewae gents jes want a wae to spende sumbody's doe,
Whi don't dey bi sum plow dat's goode an' clere de rodes ov sno?

De rode dat go up bi mi farme is plug for mos 3 weke;
Mi male ain't cum, mi milk ain't go, yu blame me if I speke.

It's jes too bad fur me, I s'pose, 'caus I ain't liv in toun,
But who wil kepe dose cuss aliv if us farmur al mov doun?

Dose city gents dey jes cum roun to liste an' kollect tax;
Dey jes ak frendly to our face an' mak fun on our bak.

But stil dey want us cast our voat fur rode on mountain hi,
Lak hel we wil, until dey fix de rode mi farm go bi.

Dey sae dat rodes one grand beeg stunt to mak dose city guy
Cum up dis wae an' mak us riche wid ev'ryting dey buy.

I mae be foole, but I git mad to here sech simpul tock,
Fur de ting I sel is rite doun here, not on de mountain top.

Now s'pose I starte wid milk an' eg fur a turist dat mite cum,
Before I'me dere, he's in Quebec, dose car so fas she run.

If I figger rite, an' I tink I do, deres ⅔ ov de yere,
Dat rode is blok wid sno an' ice an' ⅓ dat she's clere.

Now I can't see no comon sents to vote to pay mor tax,
Fur a rode no use almos 8 months xcept for rabit trak.

Anudder ting dey tel me too, it's tak bout 16 yere,
Fur mak dat rode, an' if dat's so, now yu jes lissun here:

In 16 yeres, if yu can se, an' luk so far ahed,
Yure turist won't be runnin cars but flyin' plains insted.

He shure wil laf an' mak remarke when hee's flyin in de breez,
"Whot darn foole mak dat crooked trak an' spoile de purty trees?"

Dere's one ting mor mite cum to pas in de yeres 'bout to cum,
Dey mite be chang in politics doun dere in Washintun.

Yes, sur, sum one mite git in power dat wants to save a doller,
Yure Parkewae den she's on de roks an' yu can set an holler.

So dere yu ar, yure monies spent, yure Parkewae partly dun,
An' Uncle Sam won't giv a dam wen yure rode goes on de bum.

So lissun, frend, if yu don't kno, jes how a Frenchmun fele,
I sae I don't want Parkewae an' I don't want mor nu dele.

FARME TRUBBLE

I'me pore Frenchmun dat liv on farme,
An' don't go fur frum de hous an' barne.
Mi French an English git mix up so
I can't tel miself how much I kno.
But sumtam I git so darne disgus
At de ting I se I haf to cuss.

Now tak de rode mi farme run bi,
Whi don't dey fix it? I ax yu whi.
Dey nev'r tuch it, jes lef it be,
An' spen mi tax monie on dose C. C. C.
Al dey do I rede is fix sum parke,
Whar de boy an' gurl can set an' sparke.

Dey pretend to wurk 8 hour a dae,
I spec 'bout same lak de W. P. A.
Me, I wurk lak cuss to mak end mete,
An' bi de bread mi chillen ete.
Mi wife wurk too, mos broke hur bak,
But al de tam mi wallet she's flat.

I ax one fellur dat wurk dose job,
To cum help me fur cut sum log.
I se rite off dat I mak mistake
'Caus he luk at me lak I'me haf bake.
He sez, "I'me wurkin now fur Uncle Sam,
Yu bettur luk 'roun fur annudder man.

"'Caus he pae me wel fur whot I do,
So whot's de use ov wurk fur yu?
I aint worry now fur job to look,
So long mi name is on his book."

Dat line ov tock he giv soun goode,
But don't help me out to cut mi woode.

De tam is chang in de las ten yere,
Since dat Nu Dele stuf is cum up here.
A poor man den wuz glad to wurk,
An' he wurk 6 day an' nev'r shurk.
He's to proud to ax fur toun relefe,
Or liv on government lard an befe.

But now his vote is al he nede,
To kepe his job an' bi his fede.
I rede dat 1 men out of 9
Draw government pay al de time.
Dat mene dat 8 men jes lak me,
Pay sum slick gent a good salrie.

Anudder ting dat git mi gote,
Is de gent we fede dat nev'r vote.
It's dose foregn fellur frum crost de see,
Dat cum ovur here to liv on me.
If I hav mi way I'le sen ev'ryone
Bak to de place frum whar he cum.

Yu tink I go to sum udder lan
Dey rush rite up to shook mi han,
An' giv me job wid government pae?
De answer is "Lak hel yu sae."
So sen dem home an' shut de dore,
Which mene don't cum back here no more.

No wonder mi farme tax she so hi,
An' a tax on evryting I bi;
De guy dat sed "abundant life,"
Mus jes ov ment abundant strife.

Dis yere I hav to sel mi cow,
To pae mi tax, I see dat now.

Den after dat mi farme she go
Bak to de toun fur tax I owe.
I'me in de rode wid out no mon,
For tax I paied an' de wurk I don.
Nex after dat if I ain't turn thefe,
I'me jes one mor on toun relefe.

An' a lot more farmur dat's jes lak me,
So I ax miself whot de end she be,
Whar's de monie cum frum to furnish pae,
Wen we al wurk on de W. P. A.
De answer to dat whot bodder me,
So de bes I cud do is wait an' see.

DIFFINISHUNS

Hosspitul: Bodie repare fur al maks an' moduls.

Surjun: Wun dat rips whar he soes.

Operashun Room: A butcher shop whar de killin' is alwus sucesful.

Atending Dr: Wun who looks an' nev'r lerns but kollects 12 dolars.

Prepersahun Room: Shavin' dun at iregular ours.

Incizun: Jest a plac fur missin' sponges.

An enimi: A cloudburs' overflowing privat property.

Interne: De questionaire.

Chart: Daly wether buro recordin' movements, temperturs and erupshuns.

Traye: Cups an' sawsers filled wid docturs orders.

Bed Pan: A mideval rellic used to persecute Christuns.

Pashunt: A male or female wid grate faith.

Student Nurse: De gal dat forgot her pashunt wus stil alive.

Warde: A room whar groans, snores an' odurs mingul in close harmonie.

Nursery: A mixin' bowl.

Gas: An il winde dat bloethe no good.

R. N.: A plesent memorie.

A Frend: A guy dat leves a bunche of cigeretes.

A visitor: Wun who tocks of plesent cemetaries.

Itemized Bil: 2 wekes storige $20.00, repares $9.00, Chefe Mechanic $75.00, assistants $26.00, overhed $15.00, incidentuls $25.00, Total $170.00.

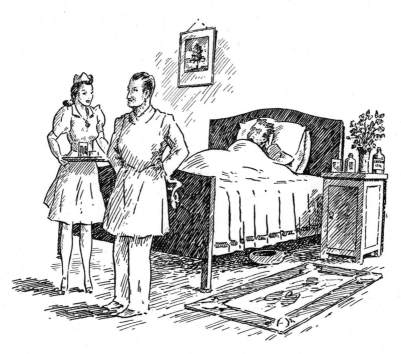

She giv me drink, but what yu tink?
It's mos al castor oil.

SIMTUMS

Mos evry tam wen I ben sik,
   I fele hur wen she cum.
If mi hed she ake an' troat fele tick,
   Dat's cole, lak de las wun.

But if mi face she al brok out,
   Frum nekti too mi sox,
It's saif to gess widout much dout,
   Dat's itch or chicken pox.

Mi simtums is de wurd yu sae,
   Wen yu fele de wae yu tel,
An if yure tak sik mos any dae,
   Yu kno' yu ain't fele wel.

But de las tam dat I had deseze,
   'Twas nothin' lak de res,
'Caus I ain't hot an' I ain't freze,
   An' mi simtums is de bes.

If I shud sae it ketch me quik,
   Mebbe yu tink I li,
But it's de truthe; I jes wus sik,
   Almos enuff to di.

An, mister man, yu speke uv pane,
   I nev'r fele so flat,
An' I nev'r want seche ake agane,
   No nede to tel yu dat.

Mi wif she cal de docter in,
   She kno I'me sik al rite,
But ake an' paine ain't nu too him,
   An' he ain't much xcite.

60

Den out his bag a pin he's tok,
    An' jab her in mi arm,
An' at mi tongue he had to lok
    But I ain't giv a darn.

"Dat's whar yu sik at las," he sed,
    An' he giv mi side a poke.
"Yu sure yu kno' it ain't mi hed,"
    Sez I for jes a joke.

He sae, "Unles yu stop ake soon,
    Yu gonna tak a ride,"
But de pain she ake wen it cum noon,
    In mi belli an' mi side.

He cum agin 'bout haf pas wun,
    An' ax me how I felt.
I sae, "Tain't bad she stil ake sum,"
    But de rat I tink he smelt.

He tock mi wife onto his side;
    I se dey ain't much chance,
To kepe miself frum tak a ride,
    So I dres in mi bes pants.

I tel miself it ain't much use,
    To kik up any dust,
Or sae mene ting or mak xcuse,
    Mi side mebbe she bust.

"De doc is rite," mi wif she sae.
    "He's had a lot sech case."
I sae, "Dat's so, an' dis mi dae,"
    An' tri to smil mi face.

So I jes go wen he sae cum,
    No wurd I evun spoke,
'Caus I ain't shure wid mi simtums,
    Maebe I up an' croke.

I'me glad yu bet wen we reech town,
    Whar de hosspitul she stood;
Dat car she jump me up an' down,
    An' mi inside ain't fele good.

I fele al choke an' kinda faint,
    Wen I git inside mi room;
She look so ful ov jes white paint,
    An' don't smel jes lak home.

De doc he sae, "Dey al prepare."
    Sech survice shure is swel;
I tel yu more wen I ain't scare,
    An' I hope I live to tel.

OPERASHUN

Wen we tock ov operashuns,
  Dere is many kines no dout,
But dere's much we have in comon,
  If our pendix is cut out.

I ain't forgit how shame I fele,
  Wen dey prepare mi case,
An' de nurs cum in wid razor sharp,
  But she ain't shav mi face.

De close dey giv me to put on,
  I nev'r se dose kine;
Lak de Irish keep his belli warm,
  She button up behine.

De next ting on de program,
  Is to giv me beeg clean out;
'Twas dun wid lots ov water,
  An' a hose widout a snout.

Rite after dat dey put me on
  A cart wid rubber whele,
But I ain't care caus I'm mos ded;
  Dat's jes de wae I fele.

Dey role me in a littul room,
  So lite it hurt mi eye.
Mus be dey want to see for sure,
  If I liv or if I die.

Maebe a Frenchmun jes lak me
  Ain't smel so very good,
Caus dey hav dere nos al covered up
  Wid sumting lak a hood.

De firs I kno' I smel sum stuf,
 Dat whirl me in de hed;
Wen I wak up I fine miself
 Bak in my room in bed.

De nurs she had me bi de han,
 Or mebbe wrist instead.
Mus be she set an' watch al nite,
 Rite dare beside mi bed.

Wen I cum to dat's what dey sae,
 Mi stumuck, oh she's sick,
An' I thro up, rite on de nurs,
 But she nev'r mak a kick.

Giv me sum drink, I ax hur pleas,
 Seem so mi stumuck boil.
She giv me drink but whot yu tink?
 It's mos al castor oil.

I tok mi dose, but ain't I mad,
 An' I jes ake to sware.
But whot's de use? It mite cum up,
 An' lan mos any whare.

Wat offle taste mi mouf, she had,
 It nev'r was dat way.
An' not a ting dey let me ete,
 So she taste lak dat al dae.

To tel de truth in al mi lif,
 I nev'r fele so bum,
But I ain't kno' dat purty soon,
 De wors is yet too cum.

64

Dat nurs she kno' whot ale me now
   By de simtums on mi face,
So she brot sum kinda funny dish,
   An' raze me to de place.

Of al de ting I tri to ride,
   Dat pan she is de wurs;
I can't set up, I can't lay down,
   So I jes bend up an' curs.

Fur dat littul nurs, it mus be fun,
   To see me get so rile,
But she help me kepe mi balance,
   An' nev'r crak a smile.

Wid al de brite men in dis worl
   Yu tel me if yu can,
Why dey nev'r change de model
   An' mak won good bed pan?

De man dat made de firs won,
   Musta hated his behine,
An' den he gotta patent
   So he cannot chang his mine.

The idee mus be purfec,
   But I tink it's jes a cross,
Between a boat, a sugar bole,
   An' a buckin' rockin' hoss.

An' now I gess I tock enuf,
   'Bout whot I can't forgit,
But thots ov castor oil an sech,
   Stil linger wid me yet.

65

Dose firs tree day we al agree,
  Is boun to be de wurse,
Not only jes de pashunt,
  But dat includ de nurs.

She wash mi face an' comb mi hare
  An' rub mi pore back ake;
She seem to kno jes how I fele,
  At evr'y turn I make.

Yes, sur, it tak a gurl wid grit,
  To stan whot dat nurs do;
If it ain't fur her dose firs fu days,
  I nev'r cud pul thru.

CONVALESIN'

Dose firs fu daes is pas an gone,
   An' now I ain't so bad;
De hours dey don't seme haf so long,
   'Caus dere's lots to mak me glad.
Nu flours cum mos ev'ry dae,
   Sum frend is sent dem in;
It shure is nice to do dat wae,
   Wen dey kno how sik I bin.

One dae a lot ov poste cards cum,
   Dat chere me up yu bet,
But fore I rede mos evry wun,
   Mi eye she get al wet.
I ain't deserv so much kind thot,
   I tel miself dat dae,
An' I pray de Lord I ain't forgit,
   Dat kineness to repae.

Mos ev'ry dae I fele mor strong,
   Then I do de won befor,
An' mi spechul nurs, perhaps it's rong,
   But hur I mos ador.
No use to tock, she kno hur stuf,
   Maebe she sav mi life;
Dat's whot I tink an' tain't no bluf,
   But I ain't tel mi wife.

Mos ev'ry dae de doc cum in,
   He's darn good feller too,
He's always ask me how I bin,
   Or aske me how I do.
One tam his visit ain't so nice,
   Wen he dres de plac he cut;

It fele jes lak sum skin he slice,
    As he pul de plaster up.

But al in al it's darn good place,
    If a feller mus be sick;
Dey do good job to fix mi case,
    So I ain't got no kick.
Of cors sum fokes wil mak beeg fus,
    No mattur whar dey be,
An' it mak me mad to here dem curs,
    'Bout ev'ryting dey see,

Now don't yu tink bi whot I tock,
    I like to sta in bed,
'Caus fore I cud I tri to wock,
    An' almos brok mi hed.
De nurs she help me nex time I tri,
    An' mi feet dey trak al rite,
An' how I want to sae good bi
    If de docter sae I mite.

Nex dae de docter sae sum wurd,
    Dat met "Vamoose" to me,
In English "leve yore bed an borde,"
    An' I'me tickle as can be.
It ain't took long to pak mi stuf,
    An' git down to de car;
Mi kne she jack, but I mak bluf,
    Good ting it ain't bin far.

On dat ride bak I hardly speke,
    Ev'ryting she look so quere.
Sinc I bin gone it's bout 2 weke,
    But she seme almos a yere.

Dose wurds is tru, dat sum guy rote,
  "On lan or on de fome,"
An' I fele lak singin' ev'ry note,
  "Dey ain't no plac lak home."